Comparar y contrastar

Frases claves para **comparar y contrastar**:

_____ se parece a _____ en que _____.

_____ no se parece a _____ en que _____.

Para **comparar y contrastar** dos personas o cosas, piensas: ¿en qué se parecen? Además piensas: ¿en qué se diferencian?

¿Qué hacen los osos durante el año?

Un oso negro, hibernando.

Es casi el final del invierno, y una osa negra madre y sus cachorros descansan dentro de su madriguera. La madre ha hibernado todo el invierno. **Hibernar** significa "descansar o dormir durante el invierno". Ella ha permanecido en la madriguera durante meses.

Los osos en la primavera

Ahora es el comienzo de la primavera y los osos salen de su madriguera hacia el bosque. El sol está más alto en el cielo y el bosque se calienta con el sol de la primavera. Brotan y crecen nuevas plantas, llenando el bosque de muchos tonos de verde.

SABELOTODO

Los osos negros son muy tímidos, lo que significa que tienen miedo a muchas cosas, especialmente a las personas.

A principios de la primavera, la madre osa todavía tiene un poco de sueño tras su larga hibernación, por lo que los osos se mueven lentamente. Caminan por el bosque en busca de comida y agua. Los cachorros beben la leche de la madre. La madre no comió ni bebió en todo el invierno, y ahora tiene hambre y sed.

El bosque está lleno de plantas jóvenes que brotan a la cálida luz del sol primaveral. Los cachorros crecen. Los osos comen plantas, y obtienen nutrientes de sus jugosas raíces, hojas y flores. Los osos también comen la hierba dulce que crece alrededor de los árboles.

Las cuatro estaciones en el hemisferio norte

SABELOTODO

La Tierra está inclinada en el espacio, por lo que, a lo largo del año, diferentes partes de su superficie reciben una cantidad diferente de energía del Sol.

primavera

verano

Los osos viven en la parte norte de la Tierra, llamada **hemisferio norte**. Las estaciones cambian a lo largo del año. En otoño e invierno, el hemisferio norte se inclina, alejándose del Sol. Así que la parte norte de la Tierra es más fría, y los osos hibernan.

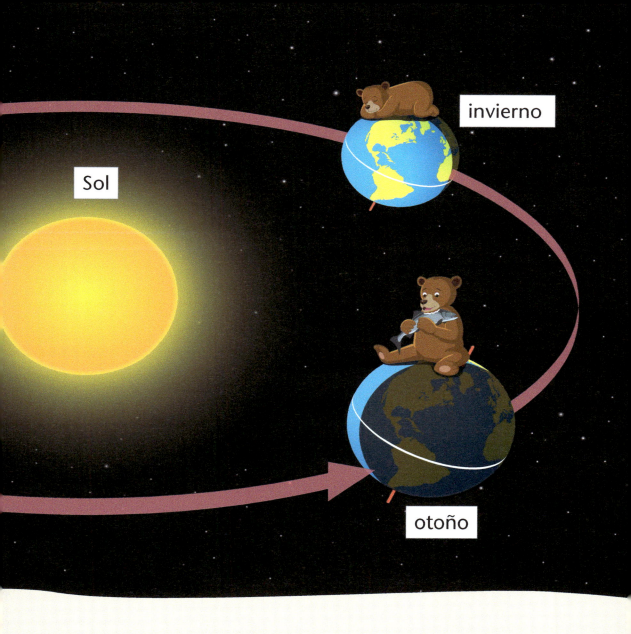

A medida que pasan los meses, el hogar de los osos se inclina hacia el Sol, y la energía solar calienta el bosque. La comida crece en el bosque cuando llega la temporada de primavera, y los osos salen de su madriguera. Poco después, llega el verano.

¡Cachorros de oso negro!

La osa negra madre suele tener dos o tres cachorros a la vez. Los cachorros nacen durante el invierno, cuando la madre está hibernando. Los cachorros son muy pequeños y pesan solo alrededor de una libra.

Los cachorros permanecen en la madriguera con la madre todo el invierno, y la madre los mantiene calientes con su cuerpo. La mayoría de los cachorros permanecen con su madre durante unos diecisiete meses. A los cachorros de oso negro les encanta trepar a los árboles y jugar con sus hermanos y con su madre.

Los osos en el verano

En poco tiempo, el hemisferio norte se inclinará más hacia el Sol. Los días se hacen más largos y calurosos, y llega el verano. Ahora crecen bayas en las plantas del bosque, y comienzan a aparecer otros tipos de alimentos.

¡EXTRA! MIEL DE ABEJAS

Las abejas son una buena fuente de alimento para los osos negros, pero los osos negros no comen abejas. A los osos les gustan las abejas por la miel que producen. ¡A los osos negros les encanta comer miel!

abejas haciendo miel

colonia de hormigas

Los osos mastican las bayas y nueces que crecen en las plantas del bosque, y mastican troncos de madera hasta encontrar insectos como, por ejemplo, hormigas. Las hormigas viven en grandes grupos llamados **colonias**. Son el alimento favorito de los osos negros. Los osos también pueden atrapar peces. Los cachorros comienzan a ponerse más grandes y fuertes.

A los osos no les gusta tener calor y tratan de mantenerse frescos en los días de verano. Si hay un arroyo cerca, saltan al agua para enfriar su cuerpo. También trepan a los árboles para descansar bajo la sombra de sus hojas.

Los osos en el otoño

follaje otoñal

suelo del bosque

SABELOTODO

Cuando las hojas cambian de color en el otoño, ¡en realidad están recuperando su color normal! Durante los meses de verano, la clorofila presente en las hojas hace que se vuelvan verdes, bloqueando su color real.

Ahora termina el verano y el tiempo comienza a ser más frío. Es la estación de otoño y el bosque se ilumina con colores naranjas y rojos a medida que cambian las hojas de los árboles. El **follaje otoñal** cae de las ramas de los árboles y cubre el **suelo del bosque**.

Los osos saben que se acerca el invierno, y pronto encontrarán una madriguera e hibernarán durante los largos meses de esta estación. Para prepararse, los osos comienzan a comer más: lo hacen muchas veces durante el día, y así crecen y engordan.

¡EXTRA! MADRIGUERAS DE OSOS

Algunos osos cavan un agujero en el suelo para hacer su madriguera. La mayoría de los osos encuentran sus madrigueras. Las madrigueras pueden estar debajo de grandes rocas, en troncos **huecos** de árboles o debajo de árboles que han caído en el bosque.

madriguera en rocas

árbol hueco

Las horas de luz se hacen cada vez más cortas. El sol no calienta el bosque como lo hacía en primavera y verano. El pelaje de los osos se vuelve grueso para mantener su cuerpo caliente. La madre osa comienza a buscar una nueva madriguera para el largo sueño invernal.

Los osos en el invierno

Ahora ha comenzado el frío invierno. Se han caído las hojas de los árboles y hay nieve en el suelo. El hielo cubre los lagos y arroyos. Pocos animales se mueven. Parece que todo el bosque se ha ido a dormir.

Todas las plantas que en el verano sirvieron de alimento a los osos han desaparecido. Las hormigas, las abejas y las bayas también se han ido. Los osos necesitan descansar y ahorrar energía durante el frío invierno. Es hora de que vuelvan a hibernar.

Ciencias
hibernación

¿Por qué hibernan los osos?

Los osos negros hibernan porque no hay mucha comida durante el invierno. Las plantas que a ellos les gusta comer ya no crecen, y los insectos y las bayas se esconden.

La hibernación a veces se llama el "sueño invernal". Algunos osos hibernan durante siete meses: desde principios del otoño hasta finales de la primavera.

¿QUÉ OCURRE durante la hibernación?

El corazón del oso late más despacio: de 8 a 21 latidos por minuto.

El oso obtiene energía de la grasa de su cuerpo.

El oso respira solo una vez cada 15 a 45 segundos.

El oso no se mueve mucho; duerme la mayor parte del tiempo.

Cuando están listos, los osos entran en una madriguera donde hibernarán durante todo el invierno. No se moverán mucho durante los próximos meses. No comerán ni beberán nada. La grasa de su cuerpo les dará energía. Así termina un año en la vida del oso.

Pronto, la luz del sol derretirá la nieve y el hielo. Las plantas de la primavera brotarán, y los osos se despertarán para comenzar otro año en el bosque.

Más sobre los osos

Los osos negros viven en muchos lugares de Estados Unidos, Canadá y México. Los osos negros y sus familias no viven en grandes grupos, suelen vivir solos.

Canadá

Estados Unidos

México

Los osos negros pueden correr, trepar y nadar muy rápido. Son grandes y muy fuertes.

osos negros

osos polares

osos pardos

panda gigante

Hay muchos tipos diferentes de osos en todo el mundo. Los osos polares son blancos, y viven en las partes más frías del hemisferio norte, cerca del Polo Norte. Los osos pardos son más grandes que los osos negros, y viven en algunos de los mismos lugares que aquellos. Los pandas gigantes son osos de color blanco y negro que viven en los bosques de China.

colonia grupo de animales que viven juntos en un mismo lugar

follaje otoñal coloridas hojas de árboles y plantas en el otoño

hemisferio norte la mitad de la Tierra que está al norte del ecuador

hibernar pasar el invierno durmiendo o descansando

hueco que no tiene nada dentro

suelo del bosque el piso del bosque

Every effort has been made to trace the copyright holders of the works published herein. If proper copyright acknowledgment has not been made, please contact the publisher and we will correct the information in future printings.

Photography and Art Credits

All images © by Vista Higher Learning unless otherwise noted.

Cover: Symbiot/Shutterstock; (tl) Andrii Piatnychka/Shutterstock; Smileus/Shutterstock; (tr) Debbie Steinhausser/Shutterstock; Adam Gladstone/Shutterstock; (bl) Chase Dekker/Shutterstock; MyTravelCurator/Shutterstock; (br) Ed Boudreau/Getty Images.

Master Art: Basel101658/Shutterstock; Milsamil/Shutterstock; **4:** (t) All Canada Photos/Alamy; (b) Andrii Piatnychka/Shutterstock; **5:** (t) Jim Cumming/Shutterstock; (b) Symbiot/Shutterstock; **6:** (t) Robert Harding Picture Libr. Ltd/Getty Images; (b) Dolores M. Harvey/Shutterstock; **7:** (t) Kelsay Yung/Shutterstock; (m) Betty4240/Getty Images; (b) Chase Dekker Wild-Life Images/Getty Images; **8:** Ton Photographer 7824/Shutterstock; **10-11:** Emqan/Shutterstock; **10:** (t) Brad Doerksen/Shutterstock; (b) Cchoc/Getty Images; **11:** (tl) HoogzPhoto/Getty Images; (r) Rpbirdman/Getty Images; (bl) Laurens Hoddenbagh/Shutterstock; **12-13:** Smileus/Shutterstock; **12:** theLIMEs/Shutterstock; **13:** (t) Nayneung1/Getty Images; (ml) Allamimages/Shutterstock; (mr) Benjamin Puppel/Shutterstock; (bl) BGSmith/Shutterstock; (br) Troutnut/Shutterstock; **14:** (t) Nina B/Shutterstock; (b) Debbie Steinhausser/Shutterstock; **15:** (t) ElenaPhotos/Shutterstock; (m) Adam Gladstone/Shutterstock; (b) Chiyacat/Shutterstock; **16:** Chase Dekker/Shutterstock; **17:** (tl) Geoffrey Kuchera/Shutterstock; (tr) Kathy D. Reasor/Shutterstock; (bl) ElenaPhotos/Shutterstock; (br) Glass and Nature/Shutterstock; **18-19:** MyTravelCurator/Shutterstock; **19:** (t) Soo Jo/Shutterstock; (b) Ed Boudreau/Getty Images; **20-21:** Bohdan Kovtyk/Getty Images; **20** (t) Daniel Garcia Mendoza/Alamy; (b) Lars Ove Jonsson/Shutterstock; **22-23:** Gail Shotlander/Getty Images; **23:** KAR Photography/Alamy; **24:** (tl) Tempau/Getty Images; (tr) Alexander Lysenko/Shutterstock; (ml) David Crane/Alamy; (r) Michel Viard/Getty Images; (bl) Don Mammoser/Shutterstock; **25:** (t) Robertharding/Alamy; (mt) Himanshu Saraf/Shutterstock; (mb) USO/Getty Images; (bl) Leungchopan/Shutterstock; (br) Benton Frizer/Shutterstock; **26:** (tl) Benjamin Puppel/Shutterstock; (tr) All Canada Photos/Alamy; (ml) Adam Gladstone/Shutterstock; (mr) Kathy D. Reasor/Shutterstock; (br) Chiyacat/Shutterstock.

© 2025, Vista Higher Learning, Inc.
500 Boylston Street, 10th Floor
Boston, MA 02116-3736
www.vistahigherlearning.com
www.loqueleo.com/us

Dirección Creativa: José A. Blanco
Vicedirector Ejecutivo y Gerente General, K–12: Vincent Grosso
Editora Ejecutiva: Julie McCool
Desarrollo Editorial: Salwa Lacayo, Isabel C. Mendoza
Diseño: Radoslav Mateev, Gabriel Noreña, Andrés Vanegas, Manuela Zapata
Coordinación del proyecto: Karys Acosta, Andrea Cubides, Tiffany Kayes
Derechos: Jorgensen Fernandez, Annie Pickert Fuller, Kristine Janssens
Producción: Thomas Casallas, Oscar Díez, Sebastián Díez, Andrés Escobar, Adriana Jaramillo, Daniel Lopera, Daniela Peláez

¿Qué hacen los osos durante el año?

ISBN: 978-1-66994-010-4

Todos los derechos reservados. Esta publicación no puede ser reproducida, ni en todo ni en parte, ni registrada en o transmitida por un sistema de recuperación de información, en ninguna forma ni por ningún medio, sea mecánico, fotoquímico, electrónico, magnético, electroóptico, por fotocopia o cualquier otro, sin el permiso previo, por escrito, de la editorial.

Published in the United States of America

1 2 3 4 5 6 7 8 9 GP 30 29 28 27 26 25